GUSTAVE COQUIOT

LES

VILLAS DE PARIS

PARIS

LIBRAIRIE DE L'ART

41, RUE DE LA VICTOIRE, 41

Parus :

Les Bals publics. Paris, 1895. *(Épuisé.)*

La Seine. Librairie de l'Art. Paris, 1896.

Les Cafés-Concerts. Librairie de l'Art. Paris, 189 6.

Pour paraître :

Jardins d'Été.

Trois Music-Halls

DE CE LIVRE

IL A ÉTÉ TIRÉ, UNIQUEMENT :

60 EXEMPLAIRES SUR HOLLANDE, NUMÉROTÉS A LA
PRESSE, DE 1 A 60.

10 EXEMPLAIRES SUR JAPON IMPÉRIAL, NUMÉROTÉS
DE 1 A 10.

5 EXEMPLAIRES SUR CHINE, NUMÉROTÉS DE 1 A 5.

5 EXEMPLAIRES SUR WHATMAN, NUMÉROTÉS DE
1 A 5.

2 EXEMPLAIRES, HORS TIRAGE, SUR VIEUX JAPON
IMPÉRIAL FABRIQUÉ A LA MAIN.

———————

EXEMPLAIRE SUR HOLLANDE N°

LES

VILLAS DE PARIS

PARIS. — IMPRIMERIE DE L'ART

E. MOREAU ET Cⁱᵉ, 41, RUE DE LA VICTOIRE

GUSTAVE COQUIOT

LES

VILLAS DE PARIS

PARIS
LIBRAIRIE DE L'ART
41, RUE DE LA VICTOIRE, 41

VILLAS de Paris, villas de filles !

Aussi bien, il n'est point plaisant le décor des maigres citadins hantés de nature ou d'un semblant de nature. L'habitat seul intéresse où, dans de l'abondance de matériaux, se révèle un vouloir d'étonner. C'est là seulement

qu'apparaît la brique follement repeinte,
émaillée ; le bois taillé, découpé en point
de Bruges, en simili-rocaille. Joie des
sites où, dans de la nature étrillée et
hilare, émergent des habitats de complète
bouffonnerie. Des coups de soleil, et cela
luit comme un jouet fraîchement verni ;
et cela s'égaye, dans de l'apparat de
fleurs épanouies, bossuant des tumulus
d'herbes, débordant des vases Renais-
sance et des terrasses-balustres.

Les architectes ne méritent pas les
reproches qu'on leur adresse de ne pas
comprendre les goûts de ce temps. Ils
ont, au contraire, résolument satisfait
aux goûts actuels ; en particulier, dans
l'édification des villas.

On ne peut concevoir pour les habi-
tuels hôtes, clubins ou filles, une architecture unique, régulière et sage. Il faut
des Ictinus folâtres pour édifier les cases
de ce temps ; des gens capables, sans
barguigner, d'assembler les choses les

plus hétéroclites, les partis les plus divers
de l'architecture. Nulle mesure ne con-
vient. A la folie des gens de l'habitat,
il faut nécessairement l'impérieux emploi
des faïences, des colonnettes, des lucarnes
historiées, des chevrons-masques, des
baies à auvents, des grands toits décou-
pés, retaillés; en un mot, des aspects
de cases-laiteries, théâtres, bains ther-
maux, salles de concert.

Et c'est véritablement hilare et amusant ces pastiches des architectures de
la Hellade, de Pompéi, des manoirs de
la verte Érin et des maisons à la fran-
çaise. L'hiver, c'est une carcasse piètre,
une armature sans joie, une chose vaine ;
mais, attendez le soleil, voyez les fron-
daisons serrées des arbres, et aussitôt la
case bouffonne s'égaye, devient ration-
nelle, s'explique, commente les faits et
gestes des filles tombées là, avec un
tumulte de rires et de joies enfin débridés.

Villas pomponnées, certes... Villas

qu'édifie le plus souvent la collaboration du maître-d'œuvre et de la fille ; souvenirs des architectures passées, — et transitoire de la mode. Cases qui apparaissent au reste essentiellement démontables, et dont on peut modifier après coup les formes et les décorations ingénues. Histoires encore des architectures qui sévissent un temps ; mode, à n'en pas douter, renouvelable — comme le reste — des cottages d'Eastbourne, — jacinthes et tulipes, — des maisons de Lisieux, des maisons du temps d'Élisabeth, des cubes roses de la baie de Naples.

Et cet aspect, vraiment fol, est singulièrement plaisant et attire. La villa a ainsi le caractère déterminé des goûts de ce temps, — frivolité et orgueil. Et, dans un paysage dessiné par de jovials géomètres, accumulant rocs et cascades, tumulus de fleurs et pelouses britanniques, c'est, au surplus, l'architecture idoine, et dont l'ornementation aussi est singulièrement exacte.

A côté du Bedlam des cases de la ville, — immeubles et casernes, — le Bedlam des villas a donc été inauguré. C'était nécessaire, et cela est arrivé à point. La villa, aujourd'hui, représente, nettement, les goûts du parisien pour la campagne. Campagne de zinc, villa factice. Et, il faut le dire, de réels wigwams, de vrais arbres, d'humbles fleurs écarteraient à juste raison. Les élégies, les dithyrambes en faveur de la nature ont fait leur temps. Après l'éloge des joies champêtres, les temps du maquillage sont heureusement venus. Les loochs et les laitages plaisent moins que les stars and stripes et les maidens blush ; et, ainsi est le présent goût, on préfère, à la redondance des naturels épidermes, l'arabesque d'une véritable fille en silk et wool satin ou en morning-coat.

Au reste, l'évolution fille et villa est
parallèle. A la fille de ce temps, amoureuse des toilettes compliquées et des
parades fastueuses, il faut la case com-
posite, épilée et fardée comme elle. Elle
ne peut — pour notre joie — la concevoir simple et dénuée d'artifices. Il faut
qu'elle retrouve en la villa les men-
songes de ses ajustements, les précieuses
ruses de la retape. La villa doit avant
tout essentiellement marquer ; résumer
au premier coup d'œil le maximum de
luxures et, si c'est possible, panteler
de vice.

Cependant, des types : le belvédère,
le point de vue, la terrasse, la cage aux
verres bleus des photographes se retrouvent en toutes les villas. Et cela est
toujours peinturluré de façon tendre
pour lutter contre les tons impression-
nants des arbres. Le temps, la pluie,
le soleil se chargent au reste de muer
les couleurs en des délayages de teintes.

en des roses fanés, en ces bleus exquis
qui tournent au vert. Et le paysage et
l'habitat sont vraiment de joie certaine,
quand on retrouve sur le fond rose des
murs, des pilastres ioniques ou Renais-
sance, mitonnés dans du jaune d'or,
dans du brun rouge, dans du bleu
céleste.

D'ailleurs le caractère du provisoire des
villas est indéniable. L'aspect d'architecture carton-pâte est vrai, malgré l'agrégat de matériaux réels. On sent que
l'habitat fut érigé pour le goût d'une
fille, uniquement ; et donc on peut en
inférer qu'il ne saurait plaire à celle qui
viendra après. Dans cet ordre d'idées
de cases provisoires et follement parées,
il y a cependant des aspects d'habitats
qui semblent devoir attirer toujours, de
par un caractère de silhouette joyeuse,
bellement présentée avec des matériaux
colligés et peints de façon plaisante.
Ceux-là sont les habitats élus ; les cases

sans conteste pour filles, qui, tout de go, admirent et y vivent.

Même des habitats impressionnent, s'érigent en incontestés paradigmes. Le troupeau bêlant des filles suit l'Armide qui édifia, dans une nature idoine, un habitat de son choix. A côté, des romans, des pièces de théâtre déterminent des goûts certains, mais essentiellement perbrefs. Il y a, cela est sûr, des esthétiques fixées pour un temps par des pièces à succès.

Le site et l'habitat, c'est toujours, cependant, de la déformation de choses, de l'écart systématique de formes graves et réfléchies. Les architectes actuels sont certainement d'humeur gaie ; ils ont fait rire la villa ; ils ont appliqué à l'art de bâtir le comique, l'hilarant ; et, très injustement, on ne veut pas voir que fut en partie réalisé par eux, édifié en matériaux, le dessin comique des Grandville et des Robida.

Certes, les architectes firent cela sans
le savoir. Ils avaient pour but de cons-
truire avec le syncrétisme des architectures de naguère, en pillant et en ran-
çonnant toute l'histoire des habitats. Ils
firent en effet des histoires de l'habita-
tion humaine, sans prétexte d'exposition,
mais cela si drôlement, de façon si induc,
que leurs habitats ont des airs d'adéquate bouffonnerie ; sont vraiment des
chars de Mi-Carême, arrêtés au beau
milieu des pelouses, après l'apothéose
des confettis, — ce plaisir national !

Gaie ribambelle des villas parées ! Il y
a encore, en des sites, des rangées de
villas à l'allure de filles de haute marque.

Elles ont, celles-là, des baies grandes
ouvertes comme des yeux, et, aux pom-
mettes, le fard rose d'une faïence fleurie.
Dans un agglomérat de villas, elles
révèlent, à coup sûr, le plus verni, le
plus compliqué, le plus lustré décor qui
soit, dans de l'agrégat de plantes folles,

taillées dans du zinc, et s'érigeant droites, comme des lances.

La villa-fille! Le soleil la pare de luxures multiformes aux changeantes heures du jour. Sous la fourrure des glycines, sous le treillis délié des grimpantes cannetilles, elle s'offre toujours de façon décisive; soit qu'elle découvre un coin nu de sa gorge; soit que, sous les flamboyants rais de l'astre, elle s'étire et se pâme, dans son orgueil tranquille de besogneuse dûment achalandée.

Des jours de grands pans de soleils, de nues irrésistiblement bleues, et les villas luisent et paradent et font la roue. C'est la fête des faïences, des briques et des tuiles rouges — ou émaillées de couleurs innomées. Des consoles portent des bows-windows pansus, et c'est barrières norvégiennes, et perrons, et marquises, et créneaux des manoirs romantiques ou, si bellement, ogives des chapelles, — pour rendez-vous de chasse.

Et c'est encore kiosques pour la lecture,
— la rêverie ! embarcadères pour les
canots, les yoles et les squiffs ! et il
appert vraiment que ce soit tout cela la
joie des pleins étés et le nécessaire
complément des plaisirs ordinairement
rêvés en ces actuelles Caprées.

La fille! Elle est vraiment l'indispen-
sable invitée, le légitime compagnonnage
des âmes, tandis que, gaie d'humeur, elle
ambule en le jardin, rose et moite, dans
de la turbulence de gestes et de la
volubilité de phrases.

Joie de son regard, niaiserie de ses
propos! Cela disparaît, est vite oublié
sous l'éclair répété des yeux. Exactes
harmonies aussi des costumes, des attifements, du décor et de l'heure. La
femme, pérennellement, offre au soleil
les artifices de ses goûts, l'orgueil de
son triomphe. Elle ambule, s'asseoit et
se berce dans du charme enveloppant
de costumes, dans de la recherche per-
pétuelle de nuances claires et allègres.
Pour sa tâche, amoureuse sans lassitude,
elle offre alternativement la joie décidée
du rose, la joie d'arrière-saison du lilas,

la turbulence du vert, la joie folle du
jaune.

Le matin, toutes baies en la villa
ouvertes, elle se réveille à l'appel,
semble-t-il mécanique, des volucres du
parc. Et c'est de longues paresses dans
la joie du soleil qui fiche ses flèches
dans sa chair amoureuse. La villa, paral-
lèlement, se fait pimpante et s'égaye de
ses faïences multicolores, de ses pein-
tures revernies; et les parfums des fleurs
s'épandent maintenant, mélangés de
musc, de kiss me quick et de champaka.

Apparat encore des après-midi ! Splendide gerbe de femmes roses, jaunes et
bleues, quand elles ambulent sous l'abat-
jour d'un parasol fleuri, et qu'elles se
mêlent, vont et viennent, plus éclatantes
et plus épanouies que les fleurs, plus
attirantes et si gaies, amusées de leurs
propos, dansant sur leurs hanches, on-
dulant et faisant craquer les soies des
gorges, laissant le sillage de lumières

folles, d'impossibles couleurs ; — et si
inquiétantes dans le nuage des white
héliotrope, des wood violet et des
snouw rose !

Cortège de filles inouïes pour les villas, pour la parure des entours du décor
d'été. Admirables bêtes de vice, heureuses de leur rôle, des airs de manège
appris, de tourner ainsi en rond, — avec
des grâces !

Mais ces orageuses trousse-jupes sont
plus splendides encore quand elles défi-
lent aux villas en escadrons compacts,
de toutes armes, de toutes tailles, et
que, cuirassées de soie ou à l'aise dans
les flanelles des tennis, elles vont,
droites, glorieuses, impassibles, l'œil
largement ouvert et fixe. Elles vont,
légères, en parade, remuant le flot des
lourdes jupes qui bat sur leurs pieds,
finement chaussés de peau glacée, de
frêle vélin blanc.

Elles sont, les menues et les adipeuses,

le bataillon des filles élues, triées dans
la horde des ambulantes perdues, le soir,
aux chantants, aux coulisses, dans les
coins des lupanars enviables. Elles ont
les ressources diverses des duperies
d'amour; et elles les affirment pleinement dans leurs gestes, dans la bous-
culade forcenée des sports.

Mais, entre tous, la bicyclette — ce
binocle ! — fut heureusement inventée
pour créer une androgyne spéciale, une
fille au compas ouvert, perchée sur une
étroite selle et remuant frénétiquement
des grègues.

Amples pantalons bouffants, zouaves
des luxures, les filles roulent, hantées
des gloires de la piste, et exquises en
garçonnes mièvres, aux mollets gonflés
et durs des danseuses; — et cet outil
de vitesse, à n'en pas douter, précise
une démarcation très nette de la fille de
ce temps, dans l'héroïde des grandes
catins.

La fille, indéniablement, durcit ses chairs par les massages, par les hydrothérapies qui en sont la conséquence, et qui ramènent au derme, sous le gant de crin, le sang épuisé des noces. Sur la machine d'acier poli, nickelé, la fille va, inlassablement, joyeuse d'ajouter des kilomètres à des kilomètres. Heureuse plénitude de ces temps propices qui la vrillent, semble-il, sur le dur boute-joie d'une rigide machine !

Villas factices et paysage bouffon.

Tout ce monde s'agite et folâtre — impossibilité des propos graves — et besogne. Toute la horde est sous l'empan d'un unique Satan, qui n'a pas besoin de faire donner l'arrière-garde des concupiscences.

Sites et habitats hurluberlus ; paresses sur des nattes et longues rêveries des soleils ; de la joie qui entre et sacquebute ces âmes légères, et les jette en de lascivibonds propos, en des allégresses quasi perpétuelles de chair.

Tailles exiguës, cassantes, gorges élastiques, elles sont, ces filles, de splendides démentes recouvertes d'étincelants organsins. Elles s'irradient et flamboient dans les fleurs du parc, et les éclats les plus vantés des girasols ne les égalent point.

Elles sont la joie, l'unique, de la villa, de la case bouffonne et pomponnée, enrubannée et incitatrice des vains propos.

Des soirs, des soirs encore ; et il faut, dans cette contrefaçon de nature, cette contrefaçon d'amour, cette poupée résistante, ce passé de frénétiques cavalcades, ce faisandé des corruptions des autres, ce corps resté jeune et ce cœur bien pressuré, bien vidé, et, au reste, si pleinement inane.

Les décors élus à la mer se retrouvent en ces cases avec le bambou, avec l'emploi du meuble frêle, avec l'amusant ordonnancement d'un camp-volant,

rchaussé des monstres si banals présen-
tement du Nippon. Et l'heure des midis,
alors que le soleil met au four la villa-
pâtisserie, alors que les filles heureuses,
dans de la nudité reposée et assoupie,
étirées et tout à la songerie des fumées
légères des tabacs-foins et pailles, boivent,
avec lente gourmandise, les brandy sling
et les pineapple julep, c'est l'heure des
midis souverains, où le lac proche n'a
pas une ride; où la ouate des arbres
n'a pas un frémissement; où les villas
somnolent, toutes persiennes closes, dans
le feu d'artifice des géraniums-bouquets
et des lis-fusées.

Mais bientôt une voiture, puis deux,
puis trois; et roule le défilé des charrettes de l'été, des boîtes vernies, bois
ou osier : Polo-cab, Stanhope-cab,
Epsom-cab, Rallye cart, Poney chaise,
Village cart.

Cobs nerveux filent et s'ébrouent,
comme brossés à neuf, et les filles, la

main gantée de peau de chien, se roi-
dissent, les yeux rivés sur les oreilles du
cob, avec, sur le front, l'ombre douce
du grand chapeau fleuri et des dentelles
en point de Venise, en fleurs d'Alençon.

Elles se croisent et se dépassent, se
jugeant d'un coup d'œil exercé, avec des
moues d'exorables gamines ; et, très hau-
taines, le col tendu, elles s'appliquent à
demeurer le fouet haut, immobiles, toutes
droites.

La fille, en ces charrettes ténues, singe
indéniablement les attitudes de la bête
de race qu'elle mène au bout d'un fil,
avec une science si adéquate. Attitudes
réjouissantes à reproduire, certes, pour
sa joie propre, pour le passant de la
route, pour le groom qui, derrière elle,
ne bouge d'un pouce, vrillé dans la
gaine de ses bottes à revers ; — si heureuse, semble-t-elle, des fumées qu'elle
laisse, du sillage de désirs qui court
derrière elle et la suit, — elle, orgueil-

leusement fleurie d'une splendide fleur à
la pointe de son casque.

Et leurs enfants, les enfants qu'elles ont.

Plaisants aspects aussi des costumes,
des lionneries, des attifements résolument
britanniques des fillettes et des garçons,
en flanelle tennis, en quartier-maître, en
jersey, en whypcord, en highlander.
Gamins et gamines des aventures d'amour,
— métis des alcôves; enfants frêles ou
rouges patauds qu'une gouvernante élève,
gravement, dans l'odeur fauve des cabi-
nets de toilette et des jupes.

Il y a des modes qui exigent parfois
qu'on les montre; et alors, ces gamins,
on les attife longuement, on les bichonne
et on les farde. On leur fait porter des
costumes batailleurs, des bérets de ma-
telots, — le haut-de-forme tronc de cône
de leurs pères ou des toques paille nil.
Mais ils vont sans joie sur les routes;
et, rentrés à la villa, ils s'égayent encore
en demi-mesure pour ne pas déranger

l'ordonnance d'un cover-coat ou d'un rigide masher.

Villas de Paris, villas de filles! ai-je dit d'abord.

Il faut certes considérer encore les villas, comme le tourne-bride avant l'exode vers la mer, vers les chalets de Trouville et de Deauville. C'est le printemps venu dans l'âme des napées et des oréades que retiennent les grandes fêtes sportives, et qui veulent, sans plus attendre, se gîter dans les feuilles. Coins de Seine ou de Marne, Enghien ou Vésinet, quiétude des parcs et grandes orgues des sapins, où passent, vêtues de otley chêne satin, de cloyne brocade, de alrome brocade, les filles!

Mais, quand, dans des clameurs d'enthousiasme, la trombe des pur sang a roulé devant le winning-post, le jour de la solennelle fête hippique, la mobilisation des filles, moins d'un jour après, est un fait accompli.

Elles vont à la côte.

Fidèlement et âprement elles suivent les chevaux-échassiers, les bêtes luisantes, — pour leur orgueil, pour l'appeau du jeu, et aussi pour la seconde d'émotion que leur donnent parfois ces sprinters, qui, de toutes leurs forces, le col frénétiquement tendu, mènent, sous le fouet, le galop éperdu des luttes.

Saint-Louis-en-l'Ile, 1897.

www.ingramcontent.com/pod-product-compliance
Lightning Source LLC
LaVergne TN
LVHW011918180726
843503LV00012B/3891